RÉPUBLIQUE FRANÇAISE

MINISTÈRES DE LA GUERRE ET DE LA MARINE

DÉCRETS

SUR LES

ENGAGEMENTS VOLONTAIRES

ET LES

RENGAGEMENTS

DANS LES TROUPES

DE L'ARMÉE DE TERRE ET DE L'ARMÉE DE MER

Suivi du décret fixant le taux des primes d'engagement et de rengagement, le taux des gratifications et hautes payes dans la marine.

PARIS
11, place Saint-André-des-Arts.

LIMOGES
40, Nouvelle route d'Aixe, 40.

IMPRIMERIE ET LIBRAIRIE MILITAIRES

Henri CHARLES-LAVAUZELLE

Éditeur.

1890

RÉPUBLIQUE FRANÇAISE

MINISTÈRES DE LA GUERRE ET DE LA MARINE

DÉCRETS

SUR LES

ENGAGEMENTS VOLONTAIRES

ET LES

RENGAGEMENTS

DANS LES TROUPES

DE L'ARMÉE DE TERRE ET DE L'ARMÉE DE MER

Suivi du décret fixant le taux des primes d'engagement et de rengagement, le taux
des gratifications et hautes payes dans la marine.

PARIS	LIMOGES
11, place Saint-André-des-Arts.	46, Nouvelle route d'Aixe, 46.

IMPRIMERIE ET LIBRAIRIE MILITAIRES

HENRI CHARLES-LAVAUZELLE

Éditeur.

1890

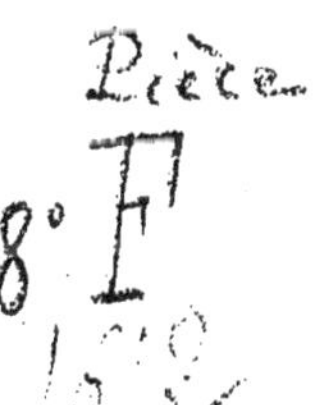

DÉCRET

Relatif aux engagements volontaires et aux rengagements.

Paris, le 28 septembre 1889.

Le Président de la République française,

Vu la loi du 15 juillet 1889;

Vu l'article 28, relatif aux engagements des jeunes gens reçus à l'Ecole polytechnique, à l'Ecole forestière ou à l'Ecole centrale des arts et manufactures;

Vu l'article 29, relatif à l'engagement des élèves du service de santé militaire et des élèves militaires des écoles vétérinaires;

Vu les articles 59, 61, 62, 63, 64 et 66, relatifs aux engagements volontaires et aux rengagements;

Sur le rapport du Ministre de la guerre,

Décrète :

TITRE Ier.

DES ENGAGEMENTS VOLONTAIRES.

Art. 1er. La durée de l'engagement volontaire est de trois, quatre ou cinq ans.

Le temps de service de l'engagé compte du jour où il a signé son acte d'engagement.

Art. 2. Tout homme qui demande à contracter un engagement volontaire pour servir dans l'armée de terre doit, indépendamment des conditions exigées par l'article 59 de la loi du 15 juillet 1889, réunir les conditions suivantes :

1° Etre sain, robuste et bien constitué;

2° Ne pas être âgé de plus de 32 ans accomplis;

3° Satisfaire, selon le corps où il veut servir, aux conditions de taille et d'aptitude fixées dans le tableau joint au présent décret;

4° N'être lié au service de terre ou de mer, ni dans l'armée active, ni dans la réserve de ladite armée, ni dans l'armée territoriale, ni comme inscrit maritime.

Art. 3. Les engagements ne peuvent être reçus que pour les corps de troupe d'infanterie, de cavalerie, d'artillerie et du génie.

Une décision ministérielle fixe annuellement le nombre maximum des engagés que peut recevoir chacun des corps de troupe de ces armes.

Les engagements ne sont admis que pendant les deux périodes ci-après :

1° Du 1er au 31 mars ;

2° Du 1er octobre au 31 décembre.

Toutefois, en ce qui concerne les compagnies d'ouvriers d'artillerie et les compagnies d'artificiers, les admissions s'effectuent à toute époque de l'année, au fur et à mesure des vacances, en vertu d'autorisations ministérielles spéciales.

Art. 4. L'engagé indique le corps dans lequel il désire servir.

Si ce corps tient garnison dans la subdivision où il réside, l'engagé doit justifier de l'acceptation du chef de corps, approuvée par le général commandant le corps d'armée.

L'engagé peut toujours être changé de corps et d'arme lorsque l'intérêt ou les besoins du service l'exigent.

Art. 5. Le jeune homme qui demande à s'engager se présente devant un commandant de bureau de recrutement.

Cet officier supérieur, après s'être assuré, avec l'assistance d'un médecin militaire, ou, à défaut, d'un docteur en médecine désigné par l'autorité militaire, que le jeune homme n'a aucune infirmité ni maladie apparente ou cachée, qu'il est d'une constitution saine et robuste, qu'il a la taille et qu'il réunit les conditions exigées pour servir dans le corps où il désire entrer, lui délivre un certificat d'aptitude.

Le chef de corps où désire entrer l'engagé peut également délivrer ce certificat après visite de l'un des médecins sous ses ordres.

Art. 6. Muni du certificat d'aptitude que lui a délivré l'autorité militaire, le contractant se présente, en France, devant le maire d'un chef-lieu de canton.

En Algérie, devant le maire de l'une des villes ci-après :

Alger, Aumale, Blidah, Bouffarick, Bordj-Ménaïel, Cherchell, Dellys, Douéra, Coléah, Marengo, Médéah, Milianah, Orléansville, Ténès, Tizi-Ouzou ;

Aïn-Témouchent, Arzew, Saint-Cloud, Saint-Denis-du-Sig, Mascara, Mostaganem, Nemours, Oran, Relizane, Sidi-bel-Abbès, Tlemcen ;

Aïn-Beïda, Batna, Bône, Bougie, Constantine, Djidjelli, Guelma, Jemmapes, La Calle, Phillippeville, Sétif, Souk-Ahras.

Aux colonies, devant les fonctionnaires qui seront désignés pour recevoir les engagements au titre de la marine et des troupes coloniales.

Il justifie de son âge par pièces authentiques et produit, avec un extrait de son casier judiciaire, le certificat de bonnes vie et mœurs prescrit par l'article 59 de la loi du 15 juillet 1889, ainsi que le consentement de son père, de sa mère ou de son tuteur, s'il y a lieu.

Si le casier judiciaire relate une condamnation, soit pour vol, escroquerie, abus de confiance ou attentat aux mœurs, soit une condamnation à l'une des peines prévues par l'article 5 de la loi, l'engagement n'est reçu que pour un bataillon d'infanterie légère d'Afrique.

Art. 7. Le maire constate l'identité du contractant et lui fait déclarer devant les deux témoins exigés par l'article 37 du Code civil :

1° Qu'il n'est ni marié, ni veuf avec enfant;

2° Qu'il n'est lié au service de terre ou de mer, ni dans l'armée active, ni dans la réserve de ladite armée, ni dans l'armée territoriale, ni comme inscrit maritime.

Ladite déclaration est insérée dans l'acte d'engagement.

Art. 8. Si le contractant désire bénéficier de la disposition contenue dans l'avant-dernier alinéa de l'article 59 de la loi, il doit en faire la demande par écrit et produire, à l'appui de sa demande, les justifications que le règlement d'administration publique, prévu par l'article 23 de ladite loi, exige des jeunes gens réclamant, devant le conseil de revision, l'envoi en congé après une année de service.

Mention de cette demande et des justifications produites est faite dans l'acte.

Art. 9. Si l'engagé a été déclaré impropre au service ou classé dans les services auxiliaires par le conseil de revision, ou si, ayant déjà servi, il a été réformé, il justifie de sa position par pièces authentiques.

S'il a appartenu à l'inscription maritime, il doit présenter un acte de déclassement signé par le commissaire de l'inscription maritime de son quartier.

Art. 10. La faculté de s'engager cesse pour les jeunes gens de la classe, à partir du jour où le conseil de revision examine le canton auquel ils appartiennent.

Art. 11. L'acte d'engagement volontaire est conforme au modèle joint au présent décret.

Art. 12. Avant la signature de l'acte, le maire donne lecture à l'engagé :

1° Des paragraphes numérotés : 1°, 2°, 3°, 4°, 5° et 6° du deuxième alinéa de l'article 59 de la loi du 15 juillet 1889;

2° Des articles 4, 14 et 15 du présent décret;

3° De l'acte d'engagement.

Les certificats et les autres pièces produites par l'engagé restent annexés à la minute de l'acte.

Art. 13. Tout engagé volontaire reçoit, immédiatement après la la signature de son acte d'engagement, une expédition de cet acte et un ordre de route.

Art. 14. L'engagé se rend directement au corps.

Il est tenu de s'y présenter dans les délais fixés par son ordre de route.

Art. 15. Si, un mois, en temps de paix, et deux jours, en temps de guerre, après le jour où l'engagé volontaire devait arriver au corps, il n'y a point paru, il est, à moins de motifs légitimes, poursuivi comme insoumis, conformément aux dispositions de l'article 73 de la loi, et puni d'un emprisonnement d'un mois à un an en temps de paix, et de deux à cinq ans ,en temps de guerre. Dans ce dernier cas, à l'expiration de sa peine, il est envoyé dans une compagnie de discipline.

Art. 16. L'engagé volontaire qui conteste la légalité ou la régularité de l'acte qui le lie au service militaire adresse sa réclamation au préfet du département où l'acte a été reçu. Les préfets transmettent les demandes en annulation d'acte d'engagement volontaire au Ministre de la guerre, qui statue, s'il y a lieu, ou renvoie la contestation devant les tribunaux.

Art. 17. L'engagé volontaire réformé pour des motifs autres que pour *blessures reçues dans un service commandé* ou pour *infirmités contractées dans les armées de terre ou de mer*, peut être ultérieurement compris dans le contingent, par le conseil de revision, si les motifs de la réforme ont cessé d'exister.

Dans ce cas, il lui est tenu compte, sur la durée de son service légal, du temps qu'il a précédemment passé sous les drapeaux.

Art. 18. Tout Français qui, en cas de guerre, demande à contracter un engagement pour la durée de la guerre, doit justifier :

1° Qu'il n'est pas tenu à l'obligation du service dans l'armée active, dans la réserve de ladite armée et dans l'armée territoriale ou dans les classes de la réserve de l'armée territoriale rappelées à l'activité ;

2° Qu'il est sain, robuste et en état de faire campagne ;

3° Qu'il ne se trouve pas dans l'un des cas d'exclusion de l'armée prévus par l'article 4 de la loi du 15 juillet 1889.

L'acte d'engagement pour la durée de la guerre est conforme au modèle annexé au présent décret.

TITRE II.

DES ENGAGEMENTS SPÉCIAUX PRÉVUS AUX ARTICLES 28 ET 29 DE LA LOI.

Art. 19. Les jeunes gens reçus à l'Ecole polytechnique, à l'Ecole forestière ou à l'Ecole centrale des arts et manufactures, sont tenus de contracter un engagement dont la durée est de trois ans pour les deux premières, et de quatre ans pour la dernière.

Ces engagements courent du 1er octobre de l'année de l'entrée à l'Ecole.

Si, pendant la durée des études, un élève est admis à redoubler une année à l'Ecole, cette année ne compte pas dans la durée de l'engagement.

Art. 20. Ces engagements sont contractés au moment de l'admission à l'Ecole :

Devant le maire de l'un des arrondissements de Paris, par les élèves de l'Ecole polytechnique et de l'Ecole centrale des arts et manufactures;

Devant le maire de Nancy, par les élèves de l'Ecole forestière.

Le contractant n'est assujetti à aucune condition d'âge autre que celles qui sont exigées pour l'admission à l'Ecole. Il en justifie par la production du certificat d'admission (modèle ci-annexé).

Il produit, en outre :

1° L'extrait de son casier judiciaire;
2° Le certificat d'aptitude visé à l'article 5 du présent décret.

Ce certificat est délivré :

Pour l'Ecole polytechnique, par le général commandant l'Ecole;
Pour l'Ecole forestière, par le commandant du bureau de recrutement de la subdivision de Nancy;
Pour l'Ecole centrale des arts et manufactures, par le commandant du bureau de recrutement de la Seine.

Art. 21. Les engagements sont souscrits pour l'une des armes de l'infanterie, de l'artillerie ou du génie.

L'autorité militaire désigne, au moment de la mise en route, le corps sur lequel sont dirigés les élève de l'Ecole centrale des arts et manufactures; et, le cas échéant, les élèves des Ecoles polytechnique ou forestière qui ne peuvent satisfaire auxdits examens, ou qui seraient renvoyés pour inconduite.

Art. 22. Les jeunes gens nommés élèves de l'Ecole du service de santé militaire, et les élèves militaires des écoles vétérinaires, souscrivent un engagement d'une durée de trois ans et s'obligent à servir pendant six années dans l'armée active, à partir de leur nomination au grade de médecin aide-major de 2e classe ou d'aide-vétérinaire.

Art. 23. L'engagement des élèves de l'Ecole du service de santé militaire est souscrit à la mairie de l'un des arrondissements de Lyon; celui des élèves militaires des écoles vétérinaires est reçu : pour les élèves d'Alfort, à Paris; pour les élèves de Lyon et de Toulouse, aux mairies de ces villes.

Le contractant n'est assujetti à aucune condition d'âge autre que celles qui sont exigées pour l'admission à l'Ecole. Il en justifie par la production du certificat d'admission (modèle ci-annexé).

Il produit, en outre :

1° L'extrait de son casier judiciaire;

2° Le certificat d'aptitude visé à l'article 5 du présent décret.

Ce certificat est délivré par le commandant du bureau de recrutement de la subdivision dans laquelle est contracté l'engagement.

Art. 24. Les engagements sont souscrits pour l'une des armes de l'infanterie, de la cavalerie, de l'artillerie ou du génie.

L'autorité militaire désigne, au moment de la mise en route, le corps sur lequel les engagés sont dirigés :

1° S'ils n'obtiennent pas le grade de médecin aide-major de 2e classe, ou d'aide-vétérinaire;

2° Si, une fois en possession de ce grade, ils ne servent pas dans l'armée active pendant six ans au moins.

Dans l'un et l'autre cas, la durée de l'engagement de trois ans souscrit à l'entrée à l'Ecole ne court que du jour de l'incorporation.

TITRE III.

DES RENGAGEMENTS.

Art. 25. Les rengagements sont contractés, pour deux, trois ou cinq ans, par les soldats décorés ou médaillés ou inscrits sur les listes d'aptitude pour le grade de caporal ou brigadier, ainsi que par les caporaux ou brigadiers des corps de toutes armes ou services.

Dans l'arme de la cavalerie. tout brigadier ou soldat peut se rengager pour une année.

Art. 26. Le militaire qui se présente pour se rengager doit justifier :

1° Qu'il réunit les qualités requises pour faire un bon service dans le corps où il veut servir;

2° Qu'il a toujours tenu une bonne conduite.

3° Que le chef du corps dans lequel il veut servir consent à le recevoir;

4° Qu'il est dans sa dernière année de service sous les drapeaux;

5° Que son rengagement ne doit pas entraîner son maintien dans l'armée active au-delà d'une durée totale de quinze ans de service effectif.

Art. 27. Une fois passés dans la réserve et jusqu'à l'âge de 28 ans, les militaires ne peuvent plus se rengager que pour l'armée coloniale, dans les conditions qui seront déterminées par un décret spécial.

Art. 28. Les rengagements sont reçus par les fonctionnaires de l'intendance militaire pour le corps désigné par le rengagé et dans les formes prescrites par l'article 62 de la loi.

L'acte de rengagement est conforme au modèle annexé au présent décret.

Art. 29. La durée des rengagements compte du jour de l'expiration légale du service dans l'armée active auquel les militaires étaient précédemment liés.

Le temps de service que le rengagé doit accomplir dans la réserve de l'armée active ou dans l'armée territoriale se confond avec la durée du rengagement.

Disposition transitoire.

Art. 30. Jusqu'à leur passage dans la réserve de l'armée active, les jeunes gens inscrits sur les contrôles de la disponibilité et ceux qui doivent y être inscrits après avoir accompli le temps de service prescrit soit par les articles 40 et 41, soit par l'article 56 de la loi du 26 juillet 1872, pourront être admis à accomplir sous les drapeaux le temps de service qu'ils devaient passer dans la disponibilité.

Ils souscriront à cet effet, devant un fonctionnaire de l'intendance militaire, l'engagement spécial dont la forme et les conditions sont déterminées par le décret du 30 novembre 1872 et l'instruction ministérielle du même jour.

Art. 31. Le Ministre de la guerre est chargé de l'exécution du présent décret qui sera inséré au *Bulletin des Lois.*

Fait à Paris, le 28 septembre 1889.

Signé : CARNOT.

Par le Président de la République :

Le Ministre de la guerre,
Signé : C. DE FREYCINET.

TABLEAU annexé au décret du 28 septembre 1889, indiquant la taille et les conditions spéciales d'aptitude à exiger des engagés volontaires pour les différentes armes.

DÉSIGNATION DES CORPS.	TAILLE EXIGÉE (A).		CONDITIONS SPÉCIALES.	OBSERVATIONS.
	MINIMUM.	MAXIMUM.		
	m. c.	m. c.		
INFANTERIE.				(1) Le consentement du chef de corps doit être produit pour l'admission dans les sapeurs-pompiers.
Régiments d'infanterie	1 54	»		
Bataillons de chasseurs à pied et régiments de zouaves	1 54	»		(2) Les engagés pour les régiments de tirailleurs algériens et de spahis ne doivent être acceptés que sur le vu du consentement du chef de corps, et après avoir justifié d'aptitudes spéciales pour acquérir des grades, ou être employés comme ouvriers.
Régiment de sapeurs-pompiers de la ville de Paris (1)	1 64	»		
Régiments de tirailleurs algériens (2)	1 54	»		
Bataillons d'infanterie légère d'Afrique	1 54	»		
CAVALERIE.				(3) Aucun illettré ne doit être admis dans un régiment de cavalerie légère ou dans les dragons.
Régiments de cuirassiers	1 70	1 85	Nul ne doit être admis, à moins d'un consentement spécial du colonel, à s'engager dans la cavalerie, s'il n'a déjà l'habitude du cheval, ou s'il n'exerce une des professions de sellier, bourrelier, armurier, tailleur d'habits, bottier, cordonnier ou maréchal ferrant.	
— de dragons (3)	1 64	1 74		
— de chasseurs (3)	1 59	1 68		(4) L'autorisation pour s'engager dans les compagnies d'ouvriers d'artillerie et dans les compagnies d'artificiers n'est accordée
— de hussards (3)	1 59	1 68		
— de chasseurs d'Afrique	1 59	1 72		
— de spahis (2)	1 59	1 72		
ARTILLERIE.				que par le Ministre (bureau du personnel de l'artillerie), sur la production d'une demande accompagnée d'un certificat d'aptitude professionnelle délivré par le commandant d'une de ces compagnies.
Régiments d'artillerie	1 60	»		
Bataillons d'artillerie de forteresse	1 66	»		
Régiments de pontonniers	1 64	»	Être batelier, marinier, marin, pêcheur, flotteur, calfat ou habitué à manier la rame, charpentier de bateau, charpentier, menuisier, charron, scieur de long, forgeron, serrurier, ajusteur, mécanicien, tonnelier, cordier, peintre, chaudronnier, tôlier, ferblantier, cloutier, tourneur, tailleur d'habits, cordonnier, armurier, chauffeur, sellier, bourrelier ou maréchal ferrant.	
Compagnies d'ouvriers d'artillerie (4)	1 54	»	Être ajusteur, bourrelier, charpentier, charron, chaudronnier, cordonnier, dessinateur, électricien, ferblantier, forgeur, lithographe, mécanicien, menuisier, modeleur, mouleur, peintre, serrurier, tailleur d'habits, tourneur sur bois ou sur métaux, tonnelier.	
Compagnie d'artificiers (4)	1 54	»		
GÉNIE.			Être dessinateur, ouvrier en fer ou en bois, tailleur de pierres, maçon, mécanicien, mouleur, ajusteur, chauffeur, poseur de rails, conducteur de chevaux et voitures, batelier, terrassier, mineur, carrier, cordier, vannier, chaudronnier, ferblantier, ouvrier d'instruments de précision ou ouvrier électricien.	
Régiments du génie	1 66	»		

(A) Les hommes exerçant les professions de maréchal ferrant, sellier ou bourrelier, armurier, tailleur, bottier ou cordonnier, pourront être reçus à la taille de :

$1^m,68$ pour les régiments de cuirassiers ; $1^m,62$ pour les régiments de dragons ; $1^m,60$ pour les bataillons d'artillerie de forteresse ; $1^m,56$ pour les régiments de chasseurs, de hussards et de chasseurs d'Afrique.

Les armuriers, les tailleurs, les bottiers et les cordonniers pourront être reçus à la taille de $1^m,62$ dans les régiments du génie et à $1^m,60$ dans les régiments de pontonniers.

Les maréchaux ferrants, les selliers et les bourreliers pourront être acceptés à la taille de $1^m,54$ dans les régiments d'artillerie, de pontonniers et du génie.

Enfin, dans les régiments du génie, les mécaniciens, chauffeurs, ajusteurs, monteurs, ouvriers de précision et ouvriers électriciens seront reçus à $1^m,62$ et les musiciens à $1^m,54$.

MODÈLE Nº 2.
—
Art. 11 du décret
du 28 septembre 1889.

ACTE D'ENGAGEMENT.

(¹) Maire ou adjoint.

L'an   , le   , à   heures s'est présenté devant nous (1)   de la commune d   , chef-lieu de canton   , département d

(2) Nom et prénoms.

Le sieur (2)   , âgé de   , exerçant la profession de (A)

(A) Si l'engagé a déjà servi, on indiquera à la suite de sa profession en quelle qualité et dans quel corps.

domicilié à   , canton d   , département d   , résidant à   , canton d   , département d   , fils d   et d   , domiciliés à   , canton d   , département d   , cheveux   , sourcils   , front   , yeux   , nez   , bouche   , menton   , visage   (3)

(3) Indiquer ici les marques particulières.

, taille d'un mètre   centimètres.

(4) Nom et prénoms du premier témoin.

Lequel, assisté du sieur (4)   , âgé de   , exerçant la profession d   , domicilié à   , canton d   , département d   , et du sieur (5)   , âgé de   , exerçant la profession d   , domicilié à   , canton d   , département d   , appelés l'un et l'autre comme témoins conformément à la loi ;

(5) Nom et prénoms du deuxième témoin.

(6) Indiquer le corps choisi par l'engagé.

A déclaré vouloir s'engager pour servir dans l (6)   ; à cet effet, il a fait la déclaration :

1° Qu'il n'est ni marié, ni veuf avec enfant ;

2° Qu'il n'est lié au service ni dans l'armée active, ni dans la réserve de ladite armée, ni dans l'armée territoriale, ni comme inscrit maritime.

Ledit sieur (2)   nous a présenté :

(7) Nom, grade et qualité de l'officier signataire du certificat.

(8) Désignation du corps; ce corps est indiqué par l'officier qui délivre le certificat d'après l'aptitude de l'engagé.

(B) Si ce n'est pas un acte de naissance que l'engagé produit, on énoncera le titre qu'il présentera, conformément à l'article 46 du Code civil.

(9) Indication en toutes lettres du jour, du mois et de l'année de la naissance.

(10) Indiquer la commune.

(c) Si l'engagement est reçu pour les bataillons d'infanterie légère d'Afrique, le certificat se borne à constater que le sieur.... ne se trouve pas dans l'un des cas d'exclusion de l'armée prévus par l'article 4 de la loi.

(D) Si l'engagé a moins de 20 ans, on indiquera sous ce numéro le consentement qu'il est tenu de produire conformément à la loi.

(E) On indiquera sous ce numéro les autres pièces que l'engagé devra produire dans les cas spécifiés soit à l'article 8, soit à l'article 9 du décret.

(11) Inscrire suivant le cas la mention : *trois, quatre* ou *cinq* ans.

(F) Si l'engagé ou les témoins ne peuvent signer, il sera fait mention de la cause qui les en empêchera conformément à l'article 39 du Code civil.

1º Un certificat délivré sous la date du   , par (7)   , et constatant que ledit sieur (2)   , n'est atteint d'aucune infirmité ; qu'il a la taille et les autres qualités requises pour le (8)   , dans lequel il demande à entrer ;

2º Son acte de naissance (B)   , constatant qu'il est né le (9)   à   , canton d   , département d   ;

3º L'extrait de son casier judiciaire ;

4º Un certificat de bonnes vie et mœurs délivré sous la date du   , par le maire d (10)   , conformément à l'article 59 de la loi du 15 juillet 1889 et constatant (c)

Que le sieur (2)   , jouit de ses droits civils ;

Qu'il n'a jamais été condamné pour vol, escroquerie, abus de confiance ou attentat aux mœurs, et qu'il n'a subi aucune des peines prévues par l'article 5 de ladite loi ;

5º (D)

6º (E)

Nous, maire d   , après avoir reconnu la régularité des pièces produites par le sieur (2)   , lui avons donné lecture :

1º Des paragraphes numérotés 1º, 2º, 3º, 4º, 5º et 6º du 2e alinéa de l'article 59 de la loi du 15 juillet 1889 ;

2º Des articles 14 et 15 du décret du 28 septembre 1889, lesquels ordonnent de poursuivre comme insoumis les engagés volontaires qui ne se rendent pas à leur destination dans les délais prescrits ;

3º De l'article 4 du même décret, d'après lequel les engagés volontaires peuvent toujours être changés de corps et d'arme lorsque l'intérêt et les besoins du service l'exigent.

Après quoi nous avons reçu l'engagement du sieur (2)   , lequel a promis de servir avec fidélité et honneur pendant (11)   ans à partir de ce jour.

Lecture faite audit sieur (2)   et aux deux témoins ci-dessus dénommés du présent acte, ils ont signé avec nous (F)

Modèle nº 3.
—

Art. 18 du décret
du 28 septembre 1889.

ACTE D'ENGAGEMENT

POUR LA DURÉE DE LA GUERRE.

———

(1) Maire ou adjoint.	L'an mil huit cent , le , à heures, s'est présenté devant nous (1) de la commune d , chef-lieu de canton du département d

Le sieur (2) , âgé de , exerçant la profession d (A) , domicilié à , canton d , département d , résidant à , canton d , département d , fils d et d , domiciliés à , canton d , département d , cheveux , sourcils , front , yeux , nez , bouche , menton , visage (3) , taille d'un mètre centimètres.

(2) Nom et prénoms.

(A) Si l'engagé a déjà servi, spécifier, d'après sa déclaration (à la suite de l'indication de sa profession), en quelle qualité et dans quel corps.

(3) Indiquer ici les marques particulières.

Lequel, assisté du sieur (4) , âgé de , exerçant la profession d , domicilié à , canton d , département d

(4) Nom et prénoms du premier témoin.

Et du sieur (5) , âgé d exerçant la profession d , domicilié à , canton d , département d , appelés l'un et l'autre comme témoins, conformément à la loi ;

(5) Nom et prénoms du deuxième témoin.

A déclaré vouloir s'engager pour servir dans l (6)

(6) Indication du corps choisi par l'engagé.

A cet effet, ledit sieur (2) nous a présenté :

1º Un certificat délivré sous la date du par (7) et constatant que ledit

(7) Nom, grade et corps de l'officier signataire du certificat.

sieur (2)   n'est atteint d'aucune infirmité ; qu'il a la taille et les autres qualités requises pour l (8)   , dans lequel il demande à entrer ;

2º Son acte de naissance (b) constatant qu'il est né le (9)
à   , canton d   , département d

3º Un extrait de son casier judiciaire ;

4º Un certificat, délivré sous la date du
, par le maire d (10)   , et constatant :

Que ledit sieur (2)   ne se trouve pas dans l'un des cas d'exclusion de l'armée prévus par l'article 4 de la loi du 15 juillet 1889.

5º Un certificat du commandant du bureau de recrutement de la subdivision d (11)
attestant que ledit sieur (2)   n'est pas tenu à l'obligation du service de l'armée active, dans la réserve de ladite armée et dans l'armée territoriale ou dans les classes de la réserve de l'armée territoriale rappelées à l'activité.

Nous, Maire du chef-lieu du canton d   , après avoir reconnu la régularité des pièces produites par le sieur (2)
lui avons donné lecture :

1º Des articles 4, 61 et 62 de la loi du 15 juillet 1889 ;

2º Des articles 4 et 18 du décret du 28 septembre 1889 ;

3º Des articles 14 et 15 du même décret, lesquels ordonnent de poursuivre comme insoumis les engagés volontaires qui ne se rendent pas à leur destination dans les délais prescrits.

Après quoi, nous avons reçu l'engagement du sieur (2)   , lequel a promis de servir avec fidélité et honneur.

Lecture faite audit sieur (2)   et aux deux témoins ci-dessus dénommés, du présent acte, ils ont signé avec nous (c)

---

(8) Désignation du corps.

(b) Si ce [n'est pas un acte de naissance que l'engagé produit, on énoncera le titre qu'il présentera, conformément à l'article 46 du Code civil.

(9) Indication du jour, du mois et de l'année de la naissance (en toutes lettres).

(10) Indiquer la commune.

(11) Indiquer la subdivision.

(c) Si l'engagé ou les témoins ne peuvent signer, il sera fait mention de la cause qui les empêchera, conformément à l'article 39 du Code civil.

MODÈLE Nº 4.

Art. 20 du décret
du 28 septembre 1889

ACTE D'ENGAGEMENT

*spécial aux jeunes gens reçus à l'Ecole poly-
technique, à l'Ecole forestière ou à l'Ecole
centrale des arts et manufactures.*

L'an   , le   , à   heures s'est
présenté devant nous maire d   , département d

(1) Nom et prénoms.

Le sieur (1)   , âgé de   ,
domicilié à   , canton d   , département d   , fils d   et d   ,
domiciliés à   , canton d   , département
d   , cheveux   , sourcils   , front   ,
yeux   , nez   , bouche   , menton   ,
visage   , taille d'un mètre   centimètres.

(2) Nom et prénoms du premier témoin.

Lequel, assisté du sieur (2)   , âgé
de   , exerçant la profession d   ,
domicilié à   , canton d   , département d   , et du sieur (3)   , âgé

(3) Nom et prénoms du deuxième témoin.

de   , exerçant la profession d   ,
domicilié à   , canton d   , département d   , appelés l'un et l'autre comme
témoins, conformément à la loi.

(4) *Infanterie, Artillerie ou Génie.*

A déclaré vouloir s'engager pour l'arme d   (4)

A cet effet, il nous a présenté :

1º Un certificat délivré sous la date du   ,
par (5)   attestant que ledit sieur (1)
a été reçu le   , à l'Ecole

(5) Nom et qualité du sitaire du certificat.

2º Un certificat en date du   délivré
par (6)   , constatant que ledit
sieur (1)   n'est atteint d'aucune infirmité, et qu'il a les qualités requises pour le service
militaire ;

(6) Nom, grade et qualité de l'officier signataire du certificat.

3º L'extrait de son casier judiciaire.

Nous, maire d   , après avoir reconnu
la régularité des pièces produites par le sieur (1)
    , lui avons donné lecture :

1º De l'article 28 de la loi du 15 juillet 1889 ;

2º Des articles 19, 20 et 21 du décret du 28 septembre 1889.

E. — 2

Après quoi nous avons reçu l'engagement du sieur (1)   , lequel a promis de servir avec fidélité et honneur pendant (7)   ans à partir du 1ᵉʳ octobre de l'année courante.

Lecture faite audit sieur (1)   et aux deux témoins ci-dessus dénommés du présent acte, ils ont signé avec nous.

(7) Suivant le cas :
Trois ans pour les élèves de l'Ecole polytechnique et de l'Ecole forestière, *quatre ans* pour les élèves de l'Ecole centrale des arts et manufactures.

Modèle n° 5.

—

Art. 23 du décret
du 28 septembre 1889,

ACTE D'ENGAGEMENT

spécial aux jeunes gens nommés élèves de l'Ecole du service de santé militaire et aux élèves militaires des Ecoles vétérinaires.

L'an   , le   , à   heures, s'est présenté devant nous, maire d   , département d

(1) Nom et prénoms.

Le sieur (1)   âgé de   , domicilié à   , canton d   , département d   , fils d   et d   , domiciliés à   , canton d   département d   , cheveux   , sourcils   , front   , yeux   , nez   , bouche   , menton   , visage   , taille d'un mètre   centimètres.

(2) Nom et prénoms du premier témoin.

Lequel, assisté du sieur (2)   , âgé de   , exerçant la profession d   domicilié à   , canton d   , département d

(3) Nom et prénoms du deuxième témoin.

tement d   , et du sieur (3)   , âgé de   , exerçant la profession d   domicilié à   , canton d   , département d   , appelés l'un et l'autre comme témoins, conformément à la loi.

A déclaré vouloir s'engager pour l'arme d (4)

(4) Infanterie, cavalerie, artillerie ou génie.

A cet effet, il nous a présenté :

1° Un certificat délivré sous la date du   , par (5)   attestant que ledit sieur (1) a été admis le   comme élève (A)

(5) Nom et qualité du signataire du certificat.
(A) Suivant le cas : de *l'Ecole du service de santé militaire,* ou *militaire de l'Ecole vétérinaire d*
(6) Nom, grade et qualité de l'officier signataire du certificat.

2° Un certificat en date du   délivré par (6)   et constatant que ledit sieur (1)   n'est atteint d'aucune infirmité et qu'il a les qualités requises pour le service militaire ;

3° L'extrait de son casier judiciaire.

Nous, maire d   , après avoir reconnu la régularité des pièces produites par le sieur (1) lui avons donné lecture :

1° De l'article 29 de la loi du 15 juillet 1889 ;

2° Des articles 22, 23 et 24 du décret du 28 septembre 1889.

Après quoi nous avons reçu l'engagement du sieur (1)   , lequel a promis de servir avec fidélité et honneur pendant trois ans, dans un corps de troupe de l'arme ci-dessus désignée, dans le cas où il n'obtiendrait pas le grade d (B)
ou si, ayant obtenu ce grade, il ne servait pas dans l'armée active pendant six ans à partir de sa nomination.

Lecture faite audit sieur (1)   et aux témoins ci-dessus dénommés du présent acte, ils ont signé avec nous.

(B) Suivant le cas : *de médecin aide-major de 2ᵉ classe* ou *d'aide vétérinaire.*

Modèle Nº 6.

Article 28 du décret
du
28 septembre 1889.

ACTE DE RENGAGEMENT.

L'an mil huit cent   , le
à   heures d   , s'est présenté devant
nous, sous-intendant militaire, résidant à
département d

Le sieur (1)

né le   à   , département
d   , fils d
et d   , domiciliés à
canton d   , département d   ,
cheveux   , sourcils   , front   ,
yeux   , nez   , bouche   , menton
, visage (2)   , taille d'un mètre
centimètres.

Lequel, assisté des sieurs (3)
appelés comme témoins conformément à la loi,
nous a déclaré vouloir contracter un rengagement
de   ans, pour servir dans le (4)

Et, à cet effet, nous a présenté (A) :

Nous, sous-intendant militaire, après avoir reconnu la régularité des pièces produites par le
sieur (1)   , nous lui avons donné
lecture :

Des articles 63, 64 (B), 66 et 67 de la loi du 15
juillet 1889 ;

Ensuite de quoi, nous avons reçu le rengagement
du sieur (1)   ,
lequel a promis de continuer à servir avec fidélité
et honneur et de rester sous les drapeaux pendant
l'espace de   ans, à compter du

Lecture faite audit sieur (1)
et aux deux témoins ci-dessus dénommés, du présent acte, ils ont signé avec nous (C)

Ce certificat n'est valable que pour 48 heures).

MODÈLE Nº 7.

Article 5 du décret
du
28 septembre 1889.

CERTIFICAT D'APTITUDE

DÉLIVRÉ PAR L'AUTORITÉ MILITAIRE

au sieur   qui a déclaré vouloir servir comme
engagé volontaire.

(1) Indication du nom, du grade, du corps et de l'arme de l'officier signataire du certificat.
(2) Indiquer ici le nom et le grade du médecin militaire qui a visité l'engagé.
(3) Nom et prénoms de l'engagé.

Nous soussigné (1)
certifions que nous avons fait visiter en notre présence par M. (2)

Le sieur (3)   né le
à   , canton d.   ,
, département
et résidant à   , canton d   ,

(4) Prénoms du père.
(5) Nom et prénoms de la mère.

département d   , fils d (4)
et d (5)   , domiciliés à
canton d   , département d   ,
taille d'un mètre   centimètres, cheveux   ,
sourcils   , yeux   , nez   , bouche
, menton   , visage   (6)

(6) Indiquer ici les marques particulières.

et qu'il résulte de cette visite que le sieur (3)
n'est atteint d'aucune infirmité ; qu'il est sain, robuste et bien constitué.

En conséquence, et après avoir reconnu par nousmême qu'il réunit la taille et les autres qualités

(7) Désignation du corps hoisi par l'engagé.

requises pour le (7)

Nous déclarons que l'acte d'engagement qu'il demande à contracter pour servir dans le (7)
peut être reçu.

En foi de quoi, nous lui avons délivré le présent certificat, signé de nous et de M. (2)

(8) Signature de l'engagé.
(9) Signature du docteur.
(10) Signature de l'officier qui a établi le certificat.

Fait à   , le   18   .
(8)

(9)   (10)

DÉPARTEMENT
d
—
CANTON
d
—
COMMUNE
d

Dans le cas où le maire de la commune ne connaîtrait pas l'individu qui'ferait la demande de ce certificat, il devra en constater légalement l'identité et recueillir les preuves et témoignages qu'il jugera convenables pour arriver à la connaissance de la vérité.

(1) Nom et prénoms de l'homme qui se présente.

(2) Indiquer ici les marques particulières.

(3) Mettre la date et le millésime en toutes lettres.

(A) Si l'engagé ne peut être reçu que pour les bataillons d'Afrique, les attestations 2° et 3° sont remplacées par le libellé ci-après :
« Qu'il ne se trouve pas dans l'un des cas d'exclusion de l'armée prévus par l'article 4 de la loi du 15 juillet 1889)

MODÈLE N° 8.
—
Art. 6 du décret
du 28 septembre 1889.

CERTIFICAT

délivré conformément à l'article 59 de la loi du 15 juillet 1889, au sieur (1)   , qui a déclaré vouloir servir comme engagé volontaire.

Nous soussigné, maire de la commune d
canton d   , département d
Attestons :
1° Que le sieur (1)
fils d   et d   domiciliés
à   , canton d   , département
d   , né le   , à
canton d   département d
(*ainsi qu'il résulte de son acte de naissance dûment légalisé*), cheveux   , sourcils   , yeux   ,
front   , nez.   , bouche   ,
menton   , visage   , teint   (2)
              taille d'un mètre   centimètres
est (*ou a été*) domicilié dans la commune d
depuis le (3)   mil huit cent
jusqu'au (3)   mil huit cent
(A)

2° Qu'il jouit de ses droits civils :
3° Qu'il n'a jamais été condamné pour vol, escroquerie, abus de confiance ou attentat aux mœurs et qu'il n'a subi aucune des peines prévues par l'article 5 de la loi du 15 juillet 1889.

En foi de quoi, nous lui avons délivré le présent certificat.

Fait à   , le   18   .

(*Signature du Maire.*)

Vu pour légalisation :

Le Préfet du département d

NOTA. Si l'engagement est contracté dans le département où l'engagé volontaire est domicilié, la légalisation de la signature du maire n'est point indispensable.

MODÈLE Nº **9.**

Art. 20 du décret
du 28 septembre 1889

CERTIFICAT D'ADMISSION

A L'ÉCOLE (1)

(1) *Polytechnique, forestière ou centrale des arts et manufactures.*

(2) Nom, grade et qualité du signataire du certificat.
(3) Nom et prénoms.
(4) Jour, mois et année.

Nous soussigné (2)   , certifions que le sieur (3)   , né le (4)   , à   , canton d   , département d   , fils d   et d   , domiciliés à   , canton d   département d   , a été admis sous le numéro   à l'Ecole (1)   , le (4)

Fait à   , le   18   .

Y Modèle n° 10.

Art. 23 du décret
du 28 septembre 1889.

CERTIFICAT D'ADMISSION

A L'ÉCOLE (1)

(1) Du *service de santé militaire* ou à l'*Ecole vétérinai.e d*

Nous soussigné (2) , certifions

que le sieur (3) , né le (4) ,

à , canton d , départemen

(2) Nom et qualité du signataire du certificat.
(3) Nom et prénoms.
(4) Jour, mois et année.

d , fils d et d ,

domiciliés à , canton d , département

(5) Suivant le cas :
A l'*école du service de santé militaire avec......* inscriptions, ou *sous le n°* comme *élève militaire à l'école vétérinaire.*

d , a été admis (5)

le (4)

Fait à le 18 .

Le Président de la République française,

Vu la loi du 15 juillet 1889, sur le recrutement de l'armée, et notamment les articles 59, 60, 63 et 65 de ladite loi ;

Sur le rapport du Ministre de la marine,

Décrète :

TITRE Ier.

DES ENGAGEMENTS VOLONTAIRES...

Art. 1er. La durée de l'engagement volontaire est de trois, quatre ou cinq ans dans les troupes de la marine.

Le temps de service de l'engagé compte du jour où il a signé son acte d'engagement.

Art. 2. Tout homme qui demande à contracter un engagement volontaire pour servir dans les troupes de la marine doit, indépendamment des conditions exigées par l'article 59 de la loi du 15 juillet 1889, réunir les conditions suivantes :

1° Etre sain, robuste et bien constitué ;

2° Avoir atteint l'âge minimum de 18 ans et n'avoir pas dépassé l'âge maximum de 32 ans accomplis ;

3° Satisfaire, selon le corps où il veut servir, aux conditions de taille et d'aptitude fixées par le tableau joint au présent décret ;

4° N'être lié au service de terre ou de mer comme engagé volontaire, rengagé ou appelé, ni dans l'armée active, ni dans la réserve de ladite armée, ni dans l'armée territoriale ;

5° Ne pas appartenir à l'inscription maritime.

Art. 3. Les jeunes gens remplissant les conditions énoncées à l'article précédent et qui contractent des engagements volontaires d'une durée de cinq ans reçoivent, pendant les deux dernières années, une prime dont le montant sera ultérieurement fixé.

Art. 4. L'engagé indique le corps dans lequel il désire servir.

Si ce corps tient garnison dans le département où il réside, l'engagé doit justifier de l'acceptation du chef de corps, approuvée par le préfet maritime.

Les corps de troupe de la marine sont définis ainsi qu'il suit :

^{me} régiment d'infanterie de la marine ;

Le régiment d'artillerie de la marine ;

^{me} compagnie d'ouvriers d'artillerie de la marine ;

Armuriers militaires de la marine.

L'engagé volontaire peut toujours être changé de corps et d'arme lorsque l'intérêt ou les besoins du service l'exigent.

Art. 5. Les engagements volontaires pour chacun des différents corps de troupe de la marine peuvent être ouverts ou suspendus par une décision du Ministre de la marine, suivant les besoins et en tenant compte des ressources inscrites annuellement, à ce titre, au budget.

Art. 6. Le jeune homme qui demande à s'engager se présente devant un commandant de bureau de recrutement.

Cet officier supérieur, après s'être assuré, avec l'assistance d'un médecin militaire, ou, à défaut, d'un docteur en médecine désigné par l'autorité militaire, que le jeune homme n'a aucune infirmité ni maladie apparente ou cachée, qu'il est d'une constitution saine et robuste, qu'il a la taille, le périmètre thoracique et qu'il réunit les conditions exigées pour servir dans le corps où il désire entrer, lui délivre un certificat d'aptitude.

Le chef du corps où désire entrer l'engagé peut également délivrer ce certificat, après visite de l'un des médecins sous ses ordres.

A Paris et pour le département de la Seine, les certificats d'acceptation sont délivrés au ministère de la marine.

Art. 7. Muni du certificat d'aptitude que lui a délivré l'autorité militaire, le contractant se présente, en France, devant le maire d'un chef-lieu de canton ; en Algérie, devant le maire de l'une des villes ci-après :

Alger, Aumale, Blidah, Bouffarick, Bordj-Ménaïel, Cherchell, Dellys, Douéra, Coléah, Marengo, Médéah, Milianah, Orléansville, Ténès, Tizi-Ouzou ;

Aïn-Témouchent, Arzew, Saint-Cloud, Saint-Denis-du-Sig, Mascara, Mostaganem, Nemours, Oran, Relizane, Sidi-bel-Abbès, Tlemcen ;

Aïn-Beïda, Batna, Bône, Bougie, Constantine, Djidjelli, Guelma, Jemmapes, La Calle, Philippeville, Sétif, Souk-Ahras ;

Aux colonies, devant les fonctionnaires qui seront désignés pour recevoir les engagements au titre des troupes de la marine.

Il justifie de son âge par pièces authentiques et produit, avec un extrait de son casier judiciaire, le certificat de bonnes vie et mœurs prescrit par l'article 59 de la loi du 15 juillet 1889, ainsi que, s'il y a lieu, le consentement de son père, de sa mère ou de son tuteur.

Si le casier judiciaire relate une condamnation à une peine quelconque soit pour vol, escroquerie, abus de confiance ou attentat aux mœurs, soit une condamnation à l'une des peines prévues par l'article 5 de la loi, l'engagement ne peut être reçu pour les troupes de la marine.

Art. 8. Le maire constate l'identité du contractant et lui fait déclarer devant deux témoins remplissant les conditions prévues à l'article 37 du code civil :

1° Qu'il n'est ni marié, ni veuf avec enfant ;

2° Qu'il n'est lié au service de terre ou de mer comme engagé volontaire, appelé ou rengagé, ni dans l'armée active, ni dans la réserve de ladite armée, ni dans l'armée territoriale, ni comme inscrit maritime.

Ladite déclaration est insérée dans l'acte d'engagement.

Art. 9. Si l'engagé a été déclaré impropre au service ou classé dans les services auxiliaires par le conseil de revision, ou si, ayant déjà servi, il a été réformé, il justifie de sa position par pièces authentiques.

S'il a appartenu à l'inscription maritime, il doit présenter un certificat de radiation des matricules signé par le commissaire de l'inscription maritime de son quartier.

Art. 10. La faculté de s'engager cesse pour les jeunes gens de la classe à partir du jour où le conseil de revision examine le canton auxquels ils appartiennent.

Après cette époque, ils ne peuvent que demander à devancer l'appel pour entrer dans les troupes de la marine, conformément à l'article 59 de la loi du 15 juillet 1889.

Art. 11. Dans aucun cas, l'engagé volontaire au titre des troupes de la marine ne pourra être admis à bénéficier de la disposition contenue dans l'avant-dernier alinéa de l'article 59 de la loi.

Art. 12. L'acte d'engagement volontaire est conforme au modèle joint au présent décret.

Art. 13. Avant la signature de l'acte, le maire donne lecture à l'engagé :

1° Des paragraphes numérotés 1°, 2°, 3°, 4°, 5° et 6° du deuxième alinéa de l'article 59 de la loi du 15 juillet 1889 ;

2° Des articles 1, 4, 11, 15 et 16 du présent décret ;

3° De l'acte d'engagement.

Les certificats et les autres pièces produites par l'engagé restent annexés à la minute de l'acte.

Art. 14. Tout engagé volontaire reçoit, immédiatement après la signature de son acte d'engagement, une expédition de cet acte et un ordre de route pour se rendre à son corps.

Art. 15. L'engagé se rend directement à son corps. Il est tenu de s'y présenter dans les délais fixés par son ordre de route.

Art. 16. Si, un mois en temps de paix, et deux jours en temps de guerre, après le jour où l'engagé volontaire devait arriver au corps, il n'y a point paru, il est, à moins de motifs légitimes, poursuivi comme insoumis, conformément aux dispositions de l'article

73 de la loi, et puni d'un emprisonnement d'un mois à un an en temps de paix, et de deux à cinq ans en temps de guerre.

Dans ce dernier cas, à l'expiration de sa peine, il est dirigé sur la compagnie de discipline de la marine.

Art. 17. Tout engagé volontaire qui, avant l'incorporation, conteste la légalité ou la régularité de l'acte qui le lie au service des troupes de la marine, adresse sa réclamation au préfet du département où l'acte a été reçu. Si l'engagé volontaire se trouve sous les drapeaux, sa réclamation est soumise à l'autorité maritime sous les ordres de laquelle il est placé.

Les préfets des départements et les autorités maritimes transmettent les demandes en annulation d'acte d'engagement au Ministre de la marine qui statue, s'il y a lieu, ou renvoie la contestation devant les tribunaux.

Le Ministre peut également déclarer nul tout engagement contracté en violation des deux derniers paragraphes de l'article 7 ci-dessus, ou dont le titulaire serait reconnu de nationalité étrangère.

Art. 18. L'engagé volontaire réformé pour des motifs autres que pour blessures reçues en service commandé ou pour infirmités contractées dans les armées de terre ou de mer, peut être ultérieurement compris dans le contingent par le conseil de revision, si les motifs de la réforme ont cessé d'exister.

Dans ce cas, il lui est tenu compte, sur la durée de son service légal, du temps qu'il a précédemment passé sous les drapeaux.

Art. 19. En cas de guerre, il peut être reçu des engagements volontaires pour la durée de la guerre, d'après décision du Ministre de la marine, et pour ceux des corps de troupe de ce département désignés spécialement par cette décision.

Art. 20. Tout Français qui veut contracter un engagement pour la durée de la guerre, dans l'un des corps de troupe de la marine où ces engagements sont ouverts, doit :

1° Etre libre de toute obligation de servir dans l'armée active, dans la réserve de ladite armée et dans l'armée territoriale ou dans les classes de la réserve de l'armée territoriale rappelées à l'activité ;

2° N'être pas porté définitivement sur les matricules de l'inscription maritime ;

3° Etre sain, robuste et en état de faire campagne ;

4° Avoir les qualités et aptitudes requises pour le corps de troupe de la marine où il veut servir ;

5° N'être pas dans l'un des cas d'exclusion de l'armée prévus par l'article 4 de la loi du 15 juillet 1889.

L'acte d'engagement pour la durée de la guerre est conforme au modèle annexé au présent décret.

Art. 21. Aux colonies, les jeunes gens qui demandent à contracter un engagement volontaire au titre des troupes de la marine ne peuvent être reçus à s'engager que pour l'un des corps de troupe stationnés dans la colonie où ils sont domiciliés ; à défaut, dans le corps qui tient garnison dans la possession la plus proche du lieu de résidence de l'intéressé.

TITRE II.

DES RENGAGEMENTS.

Art. 22. Les rengagements sont de deux, trois ou cinq ans pour les caporaux ou brigadiers et les soldats ou canonniers des troupes de la marine. Les intéressés doivent avoir au moins six mois de service.

Les rengagements datent du jour de l'expiration légale du service dans l'armée active. Ils sont renouvelables jusqu'à une durée totale de quinze années de service effectif.

Le temps de service que le rengagé doit accomplir dans la réserve des troupes de la marine se confond avec la durée du rengagement.

Art. 23. Dans les troupes de la marine, les caporaux ou brigadiers et les soldats ou canonniers qui contractent, après six mois de service un premier rengagement, ont droit à une prime payable immédiatement après la signature de l'acte et à des gratifications annuelles.

Le montant de cette prime, ainsi que des gratifications annuelles, sera fixé par un décret. Un règlement d'administration publique déterminera le mode de payement de ces allocations.

Art. 24. Après un premier rengagement, les rengagements ultérieurs donnent droit seulement aux gratifications annuelles.

Art. 25. Les caporaux ou brigadiers et les soldats ou canonniers rengagés ou commissionnés des troupes de la marine reçoivent des hautes payes journalières d'ancienneté, à partir du jour où leur rengagement ou leur commission commence effectivement à courir.

Ces hautes payes sont augmentées de trois en trois ans.

Art. 26. La valeur de ces hautes payes sera fixée ultérieurement.

Art. 27. Les soldats rengagés qui sont incorporés, à la suite de condamnation ou par mesure disciplinaire, au corps des disciplinaires des colonies ou à la compagnie de discipline de la marine, cessent d'avoir droit aux gratifications annuelles et aux hautes payes et sont traités, au point de vue de la solde, conformément aux tarifs spéciaux de ces corp s.

Art. 28. Après quinze années de service effectif, les militaires rengagés ou commissionnés des troupes de la marine ont droit à une pension proportionnelle égale aux 15/25 du minimum de la pension de retraite du grade dont ils seront titulaires depuis deux ans au moins, augmentés de 1/25 pour chaque année de campagne.

Le taux de ces pensions proportionnelles et de retraite est décompté comme il est prescrit à l'article 63 de la loi du 15 juillet 1889.

Les militaires qui obtiennent d'être commissionnés après avoir quitté les drapeaux ne peuvent réclamer la pension proportionnelle qu'après avoir servi pendant cinq ans en cette nouvelle qualité.

Art. 29. Peuvent être admis à se rengager pour les troupes de la marine, avec le bénéfice des avantages mentionnés aux articles 23, 24 et 25 ci-dessus :

1° Les militaires de toutes armes ;

2° Les hommes de la réserve de l'armée de mer ou de la réserve de l'armée de terre, âgés de moins de 28 ans ;

3° Les Français des régiments étrangers autorisés par le Ministre de la guerre.

Ces dispositions sont également applicables, sans aucune restriction et réserve, aux hommes domiciliés en Algérie et aux colonies avant leur incorporation, ou après leur passage dans la réserve de l'armée active.

Art. 30. Les hommes des armées de terre et de mer, libérés du service et domiciliés dans une de nos possessions d'outre-mer, qui demandent à contracter un rengagement au titre des troupes de la marine, ne peuvent être reçus que pour l'un des corps stationnés dans la colonie où ils résident, ou, à défaut, dans la colonie la plus voisine comportant une garnison des troupes de la marine.

Art. 31. Le militaire en activité de service doit, pour être reçu à se rengager dans un de ces corps, justifier :

1° Qu'il a six mois de service effectif s'il appartient aux troupes de la marine, ou qu'il est dans sa dernière année de service s'il appartient à l'armée de terre ;

2° Qu'il est sain et qu'il réunit les autres qualités et aptitudes requises pour faire un bon service dans le corps où il veut servir ;

4° Que son rengagement ne doit pas entraîner son maintien dans l'armée active au delà d'une durée totale de quinze ans de service effectif.

Art. 32. Tout militaire de la réserve âgé de moins de 28 ans qui demande à contracter un rengagement dans un des corps de troupe de la marine doit produire :

1° Un certificat d'aptitude délivré, soit par le chef de corps, soit par le commandant du dépôt de recrutement. Ce certificat constate qu'il réunit les qualités et aptitudes requises pour faire un bon service dans le corps qu'il a choisi ;

2° Un certificat d'acceptation du chef de corps dans lequel il désire entrer ;

3° Le certificat de bonne conduite qu'il aura reçu au moment de son passage dans la réserve ;

4° Le certificat de bonnes vie et mœurs dont la production est exigée par l'article 59 de la loi, s'il est absent de son corps depuis plus de six mois.

Art. 33. Les rengagements sont reçus :

1° Dans les ports militaires, par l'officier du commissariat chargé du détail des revues ;

2° A Paris et dans les départements, par les fonctionnaires de l'intendance militaire ;

3° Dans les colonies, par l'officier du commissariat colonial chargé de la surveillance administrative du corps pour lequel il est autorisé à se rengager.

Les rengagements sont reçus dans les formes prescrites par l'article 62 de la loi.

L'acte de rengagement est conforme au modèle annexé au présent décret.

Art. 34. Le militaire de la réserve qui a contracté un rengagement dans les conditions des articles 32 et 33 du présent décret est immédiatement incorporé ou mis en route pour le corps dans lequel il a demandé à continuer son service.

Art. 35. Toutes les dispositions antérieures contraires au présent décret sont et demeurent abrogées.

Art. 36. Le Ministre de la marine est chargé de l'exécution du présent décret, qui sera inséré au *Bulletin des lois* et au *Bulletin officiel* de la marine.

Fait à Paris, le 28 janvier 1890.

Signé : CARNOT.

Par le Président de la République :
Le sénateur, Ministre de la marine,

F. BARDEY.

Modèle Nᵒ 1.

Article 2 du décret
du 28 janvier 1890.

TABLEAU indiquant la taille à exiger pour les engagements dans les différents corps de troupe de la marine.

DÉSIGNATION DES CORPS.	TAILLE MINIMUM.
Artillerie de la marine. { Régiment...........................	1ᵐ,66
Artillerie de la marine. { Compagnies d'ouvriers................	1ᵐ,54 (a)
Infanterie de la marine........	1ᵐ,54
Armuriers de la marine..........................	1ᵐ,54

OBSERVATIONS.

Le périmètre thoracique doit être d'au moins 0ᵐ,78 pour les hommes ayant la taille minimum de 1ᵐ,54. Pour les tailles plus élevées, ce périmètre doit être au moins égal à la moitié de la taille, plus 0ᵐ,02, pour tout homme de bonne complexion.

(a) Etre ajusteur, bourrelier, charpentier, charron, chaudronnier, cordonnier, dessinateur, électricien, ferblantier, forgeur, lithographe, mécanicien, modeleur, mouleur, peintre, serrurier, tailleur d'habits, tourneur sur bois ou sur métaux, tonnelier.

Modèle n° 2.

Article 12 du décret
du 28 janvier 1890.

ACTE D'ENGAGEMENT.

(1) Maire ou adjoint.

L'an mil huit cent   , le   ,
à   heure   , s'est présenté devant nous (1),
            de la commune d   , chef-lieu
de canton d   , département d   ,

(2) Nom et prénoms.

(a) Si l'engagé a déjà servi, on indiquera à la suite de sa profession en quelle qualité et dans quel corps.

Le sieur (2)   , âgé de   ,
exerçant la profession de (a)   , domicilié à   , canton d   ,
département d   , résidant à   ,
canton d   , département d   ,
fils d   et d   , domiciliés
à   , canton d   , département
d   , cheveux   , sourcils   ,
front   , yeux   , nez   ,
bouche   , menton   , visage (3)

(3) Indiquer ici les marques particulières.

            , taille d'un mètre
centimètres,

(4) Nom et prénoms du premier témoin.

Lequel, assisté du sieur (4)   , âgé
de   , exerçant la profession d   ,
domicilié à   , canton d   , département d   , et du sieur (5)   , âgé

(5) Nom et prénoms du deuxième témoin.

de   , exerçant la profession d   ,
domicilié à   , canton d   , département d   , appelés l'un et l'autre comme
témoins conformément à la loi ;

A déclaré vouloir s'engager pour servir dans

(6) Indiquer le corps choisi par l'engagé.

l (6)   ; à cet effet, il a fait la déclaration :
1° Qu'il n'est ni marié, ni veuf avec enfant ;
2° Qu'il n'est lié au service ni dans l'armée
active, ni dans la réserve de ladite armée, ni dans
l'armée territoriale, ni comme inscrit maritime.

Ledit sieur (2)   nous a présenté :
1° Un certificat délivré sous la date du

(7) Nom, grade et qualité de l'officier signataire du certificat.
(8) Désignation du corps ; ce corps est indiqué par l'officier qui délivre le certificat d'après l'aptitude de l'engagé.

            , par (7)   , et constatant que ledit
sieur (2)   n'est atteint d'aucune infirmité ; qu'il a la taille et les autres qualités requises
pour le (8)   , dans lequel il demande à
entrer ;

2° Son acte de naissance (b) constatant qu'il est né le (9)   , à   , canton d   , département d

3° L'extrait de son casier judiciaire ;

4° Un certificat de bonnes vie et mœurs délivré sous la date du   , par le maire d (10)   , conformément à l'article 59 de la loi du 15 juillet 1889 et constatant :

Que le sieur (2)   jouit de ses droits civils ;

Qu'il n'a jamais été condamné pour vol, escroquerie, abus de confiance ou attentat aux mœurs, et qu'il n'a subi aucune des peines prévues par l'article 5 de ladite loi.

5° (d)

6° (e)

Nous, maire d   , après avoir reconnu la régularité des pièces produites par le sieur (2)   , lui avons donné lecture :

1° Des paragraphes 1, 2, 3, 4, 5 et 6 du 2° alinéa de l'article 59 de la loi du 15 juillet 1889 ;

2° Des articles 1, 4, 11, 15 et 16 du décret du   1890, dont les deux derniers ordonnent de poursuivre comme insoumis les engagés volontaires qui ne se rendent pas à leur destination dans les délais prescrits ;

3° De l'article 4 du même décret, d'après lequel les engagés volontaires peuvent toujours être changés de corps et d'arme lorsque l'intérêt et les besoins du service l'exigent.

Après quoi nous avons reçu l'engagement du sieur (2)   , lequel a promis de servir avec fidélité et honneur pendant (11) ans, à partir de ce jour.

Lecture faite audit sieur (2)   et aux deux témoins ci-dessus dénommés du présent acte, ils ont signé avec nous (f)

(b) Si ce n'est pas un acte de naissance que l'engagé produit, on énoncera le titre qu'il présentera conformément à l'article 46 du code civil.

(9) Indication, en toutes lettres, du jour, du mois et de l'année de la naissance.

(10) Indiquer la commune.

(d) Si l'engagé a moins de vingt ans, on indiquera sous ce numéro le consentement qu'il est tenu de produire conformément à la loi.

(e) On indiquera sous ce numéro les autres pièces que l'engagé devra produire dans le cas spécifié à l'article 9 du décret.

(11) Inscrire, suivant le cas, la mention trois, quatre ou cinq ans.

(f) Si l'engagé ou les témoins ne peuvent signer, il sera fait mention de la cause qui les en empêchera, conformément à l'article 39 du code civil.

Modèle n° 3.

Article 20 du décret
du 28 janvier 1890.

ACTE D'ENGAGEMENT

POUR LA DURÉE DE LA GUERRE.

(1) Maire ou adjoint.

(2) Nom et prénoms.

(a) Si l'engagé a déjà servi, spécifier d'après sa déclaration (à la suite de l'indication de sa profession) en quelle qualité et dans quel corps.

(3) Indiquer ici les marques particulières.

(4) Nom et prénoms du premier témoin.

(5) Nom et prénoms du deuxième témoin.

(6) Indiquer le corps choisi par l'engagé.

(7) Nom, grade et corps de l'officier signataire du certificat.

(8) Désignation du corps.

L'an mil huit cent   , le
à   heure, s'est présenté devant nous (1)
de la commune d   , chef-lieu de
canton du département d

Le sieur (2)   âgé de   , exerçant la profession d (a)   , domicilié
à   canton d   département
d   , résidant à   canton
d   , département d   , fils
d   et d   , domiciliés à   ,
canton d   , département d   ,
cheveux   , sourcils   , front   ,
yeux   , nez   , bouche   , menton
             , visage (3)   , taille d'un
mètre   centimètres.

Lequel assisté du sieur (4)   , âgé
de   , exerçant la profession d   ,
domicilié à   , canton d   , département d

Et du sieur (5)   âgé de   ,
exerçant la profession d   , domicilié
à   , canton d   , département d   appelés l'un et l'autre
comme témoins, conformément à la loi ;

A déclaré vouloir s'engager pour servir dans
l (6)

A cet effet, ledit sieur (2)   nous a
présenté :

1° Un certificat délivré sous la date du
             par (7)   et constatant que ledit
sieur (2)   n'est atteint d'aucune infirmité ; qu'il a la taille et les autres qualités
requises pour l (8)   , dans lequel il
demande à entrer ;

(b) Si ce n'est pas un acte de naissance que l'engagé produit, on énoncera le titre qu'il présentera, conformément à l'article 46 du code civil.

(9) Indication du jour, du mois et de l'année de la naissance (en toutes lettres).

(10) Indiquer la commune.

(11) Indiquer la subdivision.

(c) Si l'engagé ou les témoins ne peuvent signer, il sera fait mention de la cause qui les en empêchera, conformément à l'article 39 du code civil.

2° De son acte de naissance (b) constatant qu'il est né le (9)
à   , canton d   , département
d   .

3° Un extrait de son casier judiciaire ;

4° Un certificat, délivré sous la date du
          par le maire d (10)   , et
constatant :

Que ledit sieur (2)   ne se trouve pas dans l'un des cas d'exclusion de l'armée prévus par l'article 4 de la loi du 15 juillet 1889.

. 5° Un certificat du commandant du bureau de recrutement de la subdivision d (11) attestant que ledit sieur (2)   n'est pas tenu à l'obligation du service de l'armée active, dans la réserve de ladite armée et dans l'armée territoriale ou dans les classes de la réserve de l'armée territoriale rappelées à l'activité, ou qu'il n'appartient pas à l'inscription maritime.

Nous, maire du chef lieu du canton d
après reconnu la régularité des pièces produites par le sieur (2)   , lui avons donné lecture :

1° Des articles 4, 61 et 62 de la loi du 15 juillet 1889 ;

2° Des articles 4, 19 et 20 du décret du
          18   ;

3° Des articles 1, 14, 15 et 16 du même décret, dont les deux derniers ordonnent de poursuivre comme insoumis les engagés volontaires qui ne se rendent pas à leur destination dans les délais prescrits.

Après quoi, nous avons reçu l'engagement du sieur (2)   , lequel a promis de servir avec fidélité et honneur.

Lecture faite audit sieur (2)   et aux deux témoins ci-dessus dénommés du présent acte, ils ont signé avec nous (c).

MODÈLE Nº 4.

Article 33 du décret
du 28 janvier 1890.

ACTE DE RENGAGEMENT

L'an mil huit cent   , le   ,
à   heures d   , s'est présenté devant nous,
sous-intendant militaire, résidant à   ;
département d   le sieur (1)   ,
né le   , à   , département
d   , fils d   et d   ,
domiciliés à   , canton d   ,
département d   , cheveux   ,
sourcils   , front   , yeux   ,
nez   , bouche   , menton   ,
visage (2)   , taille d'un mètre
centimètres.

(1) Nom, prénoms, grade et corps du militaire.

Lequel, assisté des sieurs (3)
appelés comme témoins conformément à la loi,
nous a déclaré vouloir contracter un rengagement de   ans, pour servir dans le (4)

Et, à cet effet, nous a présenté (a) :

(2) Indiquer ici les marques particulières.

(3) Noms, prénoms, profession et résidence des deux témoins.

(4) Désigner le corps au titre duquel est souscrit le rengagement.

(a) Indiquer ici les pièces produites par le rengagé, en exécution de l'article 32 du décret.

Nous, sous-intendant militaire, après avoir
reconnu la régularité des pièces produites par
le sieur (1)   , lui avons donné
lecture :

Des articles 63, 65, 66 et 67 de la loi du
15 juillet 1889.

Ensuite de quoi, nous avons reçu le rengagement du sieur (1)   , lequel a promis
de continuer à servir avec fidélité et honneur et
de rester sous les drapeaux pendant l'espace
de   ans, à compter du

Lecture faite audit sieur (1)
et aux deux témoins ci-dessus dénommés, du
présent acte, ils ont signé avec nous (b)

(b) Si le rengagé ou les témoins ne peuvent signer, il sera fait mention de la cause qui les en
empêchera, conformé-
ment à l'article 39 du code civil.

Modèle nᵒ 5.

Article 6 du décret
du 28 janvier 1890.

CERTIFICAT D'APTITUDE

*délivré par l'autorité militaire au sieur
qui a déclaré vouloir servir comme engagé volontaire.*

---

(1) Indication du nom, du grade, du corps et de l'arme de l'officier signataire du certificat.

(2) Indiquer ici le nom et le grade du médecin militaire qui a visité l'engagé.

(3) Nom et prénoms de l'engagé.

(4) Prénoms du père.

(5) Nom et prénoms de la mère.

Nous, soussigné (1)   , certifions que nous avons fait visiter en notre présence par M. (2)   ,
le sieur (3)   , né le   ,
à   , canton d   ,
département d   , et résidant à   ,
canton d   , département d   ,
fils de (4)   et de (5)   ,
domiciliés à   , canton d   ,
département d   , taille d'un mètre
                centimètres, périmètre thoracique   centimètres, cheveux   , sourcils   , yeux   ,
nez   , bouche   , menton   , visage

(6) Indiquer ici les marques particulières.

(6)   , et qu'il résulte de cette visite que le sieur (3)   n'est atteint d'aucune infirmité ; qu'il est sain, robuste et bien constitué.

En conséquence, et après avoir reconnu par nous-même qu'il réunit la taille et les autres qualités requises pour le (7),

(7) Désignation du corps choisi par l'engagé.

Nous déclarons que l'acte d'engagement qu'il demande à contracter pour servir dans le (7)   peut être reçu.

En foi de quoi, nous lui avons délivré le présent certificat, signé de nous et de M. (2)

(8) Signature de l'engagé.

(9) Signature du docteur.

(10) Signature de l'officier qui a établi le certificat.

Fait à   , le   18   .

(8)   (9)   (10)

(Ce certificat n'est valable que pour quarante-huit heures.)

DÉPARTEMENT

d

—

CANTON

d

—

COMMUNE

d

Modèle N° 6.

—

Article 7 du décret
du 28 janvier 1890.

CERTIFICAT

délivré conformément à l'article 59 de la loi du 15 juillet 1889, au sieur (1)   *qui a déclaré vouloir servir comme engagé volontaire.*

Dans le cas où le maire de la commune ne connaîtrait pas l'individu qui ferait la demande de ce certificat, il devra en constater légalement l'identité et recueillir les preuves et témoignages qu'il jugera convenables pour arriver à la connaissance de la vérité.

(1) Nom et prénoms de l'homme qui se présente.

(2) Indiquer ici les marques particulières.

(3) Mettre la date et le millésime en toutes lettres.

Nota. Si l'engagement est contracté dans le département où l'engagé volontaire est domicilié, la légalisation de la signature du maire n'est point indispensable.

Nous, soussigné, maire de la commune d   canton d   , département d   .

Attestons :

1° Que le sieur (1)   , fils d et d   , domiciliés à   , canton d   , département d   , né le   , à   , canton d   , département d   (ainsi qu'il résulte de son acte de naissance dûment légalisé, cheveux   , sourcils   , yeux   , front   , nez   , bouche   , menton   , visage   , teint (2)   , taille d'un mètre   centimètres, est (ou a été) domicilié dans la commune d   depuis le (3)   mil huit cent   jusqu'au (3)   mil huit cent   ;

2° Qu'il jouit de ses droits civils ;

3° Qu'il n'a jamais été condamné pour vol, escroquerie, abus de confiance ou attentat aux mœurs et qu'il n'a subi aucune des peines prévues par l'article 5 de la loi du 15 juillet 1889.

En foi de quoi, nous lui avons délivré le présent certificat,

Fait à   , le   18   .

(Signature du maire.)

Vu pour légalisation :

Le Préfet du département,

RAPPORT

AU PRÉSIDENT DE LA RÉPUBLIQUE FRANÇAISE

Suivi d'un décret fixant les primes d'engagement et de rengagement, le taux des gratifications et le montant des hautes payes journalières dans les troupes de la Marine. (Direction du Personnel ; — 3ᵉ Bureau : *Troupes de la Marine*, 1ʳᵉ et 2ᵉ Sections ; 5ᵉ Bureau : *Solde, Habillement et Revues.*)

(Du 7 février 1890.)

Monsieur le Président,

L'article 60 de la loi du 15 juillet 1889, sur le recrutement de l'armée, porte que les engagements volontaires d'une durée de cinq ans, au titre des troupes de la marine, donnent droit, pendant les deux dernières années, à une prime dont le montant doit être fixé par décret.

L'article 65 de la même loi dispose que, dans les troupes de la marine, les premiers rengagements des caporaux ou brigadiers et soldats donnent droit à une prime payée au moment de la signature de l'acte et à des gratifications annuelles ; que le montant des primes est réglé par décret.

Les rengagements ultérieurs ne donnent droit qu'aux gratifications annuelles.

Pour l'application de ces dispositions et en tenant compte du service particulier des troupes de la marine, j'estime que la prime à attribuer aux engagements volontaires d'une durée de cinq ans pourrait être fixée à 100 francs pour chacune des quatrième et cinquième années.

Les rengagements de deux, trois et cinq ans entraîneraient, comme au département de la guerre, l'allocation de primes dont le montant serait respectivement de 200, 300 ou 600 francs.

Enfin, les gratifications annuelles, qui constituent des avantages pécuniaires spéciaux aux troupes d'infanterie et d'artillerie de marine, pourraient être de 100, 130 et 160 francs, selon qu'il s'agit d'un rengagement de deux, trois ou cinq ans.

D'autre part, l'article 65 précité accorde aux caporaux, brigadiers et soldats rengagés des hautes payes journalières dont le taux est augmenté de trois en trois ans.

La valeur desdites hautes payes serait fixée ainsi qu'il suit, en tenant compte de la progression triennale :

Caporaux ou brigadiers : 0 fr. 24, 0 fr. 30, 0 fr. 35, 0 fr. 38.
Soldats ou canonniers : 0 fr. 18, 0 fr. 23, 0 fr. 27, 0 fr. 30.

En raison des fatigues du service colonial, le montant des hautes payes devrait être doublé dans nos possessions d'outre-mer et dans les pays de protectorat.

Les brigadiers, caporaux et soldats rengagés ou commissionnés dans les conditions des lois antérieures seraient appelés à bénéficier du nouveau tarif des hautes payes.

Si vous approuvez ces différentes mesures, j'ai l'honneur de vous prier de vouloir bien donner votre sanction au projet de décret ci-joint.

Veuillez agréer, etc.

Le Sénateur, Ministre de la Marine,
Signé : E. BARBEY.

DÉCRET

Fixant les primes d'engagement et de rengagement, le taux des gratifications et le montant des hautes payes journalières dans les troupes de la marine.

(Du 7 février 1890.)

Le Président de la République française,

Vu la loi du 15 juillet 1889, sur le recrutement de l'armée ;
Vu le décret du 28 janvier 1890, sur les engagements et rengagements dans les troupes de la marine ;
Sur le rapport du Ministre de la marine,

Décrète :

Art. 1er. Les jeunes gens qui ont été admis à contracter, dans les troupes de la marine, des engagements volontaires d'une durée de cinq ans, reçoivent, au premier jour de la quatrième et de la cinquième année, une prime de 100 francs.

Art. 2. Les caporaux ou brigadiers et les soldats ou canonniers des troupes de la marine, après six mois de service, les militaires de l'armée de terre dans leur dernière année de service, les hommes appartenant à la réserve, qui contractent un premier rengagement, ont droit à une prime et à des gratifications annuelles.
Cette prime, qui est payable immédiatement après la signature de l'acte, est fixée ainsi qu'il suit :

Pour un rengagement de deux ans, 200 francs.
Pour un rengagement de trois ans, 300 francs.
Pour un rengagement de cinq ans, 600 francs.

Les gratifications annuelles sont déterminées comme suit :

Pour un rengagement de deux ans, 100 francs.
Pour un rengagement de trois ans, 130 francs.
Pour un rengagement de cinq ans, 160 francs.

Art. 3. Après un premier rengagement, les rengagements ultérieurs donnent droit seulement aux gratifications annuelles.

Art. 4. La valeur des hautes payes qui, dans les troupes de la marine, sont allouées seulement dans les positions donnant droit à la solde de présence, est fixée comme suit :

GRADES.	1re HAUTE PAYE. De 3 à 6 ans de services.	2e HAUTE PAYE. De 6 à 9 ans de services.	3e HAUTE PAYE. De 9 à 12 ans de services.	4e HAUTE PAYE. De 12 à 15 ans de services.
Caporaux ou brigadiers.	0 24	0 30	0 35	0 38
Soldats ou canonniers...	0 18	0 23	0 27	0 30

Art. 5. Le montant des hautes payes est doublé, dans nos possessions d'outre-mer et dans les pays de protectorat, pour toutes les journées donnant droit à la solde dans la colonie.

Art. 6. Le tarif, fixé par l'article 4, sera rendu applicable, à compter du 1er janvier 1890, aux caporaux, brigadiers et soldats qui sont rengagés et commissionnés en vertu des lois antérieures des 27 juillet 1872 et 15 décembre 1875.

Art. 7. Toutes dispositions antérieures contraires au présent décret sont et demeurent abrogées.

Art. 8 Le sénateur, Ministre de la marine, est chargé de l'exécution du présent décret.

Fait à Paris, le 7 février 1890.

Signé : CARNOT.

Par le Président de la République :

Le sénateur, Ministre de la marine,
Signé : E. BARBEY.

Paris et Limoges. — Imprimerie militaire Henri CHARLES-LAVAUZELLE.

Paris et Limoges. — Imprimerie militaire Henri CHARLES-LAVAUZELLE.